가난한 사람은 왜 생길까요?

| 처음 이야기해 보는 세계의 빈곤 문제 |

질리안 로버츠·제이미 캐샙 글   제인 하인릭스 그림   서남희 옮김

현암
주니어

질리안 로버츠 글

초등학교 교사, 아동심리학자, 빅토리아대학교의 교육심리학 부교수를 거치며 20년 넘게 어린이들과 더불어 일했어요. 또한 부모들을 위한 지원 단체인 패밀리 스파크스를 세워서 전 세계 가족들에게 맞춤 지원을 제공하고 있어요. 지금은 브리티시 콜롬비아주 빅토리아에 살아요.

홈페이지 http://www.drjillianroberts.com
트위터 Twitter@DrJillRoberts

제이미 캐샙 글

구글의 교육 전도사예요. 뉴욕시 헬스키친에서 자란 그는 교육과 기술이 생명을 구할 수 있다고 믿어요. 구글 및 전 세계의 교육 조직에서 일하며, 기술을 이용해 교육의 질을 개선하고자 노력하고 있어요.

트위터 Twitter@JCasap

제인 하인릭스 그림

어린이책 작가이자 일러스트레이터예요. 그녀는 커다란 스케치북과 아주 작은 스케치북이 놓인 투명한 책상에서 하루를 시작해요. 그러나 얼마 지나지 않아 물감과 연필과 종이로 둘러싸여 바닥에 앉아 있게 되지요.

홈페이지 http://www.janeheinrichs.net

서남희 옮김

서강대학교에서 역사와 영문학을, 대학원에서 서양사를 공부했어요. 『그림책과 작가 이야기』 시리즈, 『아이와 함께 만드는 꼬마영어그림책』을 썼으며, 『내 모자 어디 갔을까?』, 『이건 내 모자가 아니야』, 『모자를 보았어』, 『싫어! 다 내 거야!』, 『하나도 안 떨려!』, 『곰아, 어딨어?』, 『색다른 바닷속 여행』, 『색다른 숲속 여행』, 『엘시와 카나리아』, 『그림책의 모든 것』, 『100권의 그림책』 등 많은 책을 우리말로 옮겼어요.

On our Street
by Dr.Jillian Roberts and Jaime Casap, with Illustrations by Jane Heinrichs

Text copyright © 2018 Jillian Roberts and Jaime Casap
Illustrations copyright © 2018 Jane Heinrichs

By arrangement with Transatlantic Literary Agency Inc. and Orca Book Publishers.
First published in Canada and the United States of America by Orca Book Publishers.
All rights reserved.

Korean translation copyright © 2018 Hyeonamsa Publishing Co., Ltd.
This Korean translation is published by arrangment with Orca Book Publishers c/o
Transatlantic Literary Agency Inc. through Greenbook Literary Agency.

이 책의 한국어판 출판권은 그린북저작권에이전시영미권을 통한 저작권자와의 독점 계약으로 (주)현암사에 있습니다.
저작권법에 의해 한국 내에서 보호를 받는 저작물이므로 무단 전재와 무단 복제를 금합니다.

초판 1쇄 발행 2018년 7월 30일
초판 5쇄 발행 2023년 9월 20일

글쓴이 질리안 로버츠, 제이미 캐샙 그린이 제인 하인릭스 옮긴이 서남희
펴낸이 조미현 책임편집 황정원 편집진행 윤나래 디자인 나윤영

펴낸곳 (주)현암사 등록 1951년 12월 24일 제 10-126호
주소 04029 서울시 마포구 동교로12안길 35 전화 02-365-5051 팩스 02-313-2729
전자우편 child@hyeonamsa.com 홈페이지 www.hyeonamsa.com
블로그 blog.naver.com/hyeonamsa 인스타그램 www.instagram.com/hyeonam_junior

ISBN 978-89-323-7474-1 77840

* 책값은 뒤표지에 있습니다. 잘못된 책은 바꾸어 드립니다.
* 현암주니어는 (주)현암사의 아동 브랜드입니다.

우리를 둘러싼 세상 속으로 한 걸음 더 들어가면

지금까지 보지 못한 것들이 보일 거예요.

세상에는 많은 사람들이 제각기 다른 모습으로 살아가고 있어요.

자기의 삶을 행복하게 여기며 사는 사람들도 있고,

그렇지 않은 사람들도 있어요.

다른 사람의 삶에 대해 궁금한 것이 생기면

주위 어른들에게 물어봐도 좋아요.

어떤 사람이 자기 물건을 주위에 쌓아 놓고
길거리에서 자고 있는 걸 보았어요.
그 사람은 왜 밖에서 잠을 자나요?

그 사람은 살 집이 없어서 길거리에서 자는 거예요. 그런 사람을 노숙인이라고 해요. 노숙인은 길거리나 지역 쉼터에서 지내요. 쉼터와 길거리를 오가며 살기도 해요. 그렇게 노숙하는 건 보통 빈곤하기 때문이에요. 빈곤은 현대의 큰 문제예요.

노숙이란 무엇인가요?
'노숙'은 길거리에서 잔다는 뜻이고, 살 곳을 구할 수 없어 길거리에서 사는 사람을 '노숙인'이라고 해요. 지역 쉼터에서 사는 사람도 노숙인에 속해요.

빈곤이란 무엇인가요?
음식과 옷과 잠잘 곳을 마련할 돈이 충분하지 않은 상태, 학교나 병원에 갈 수 없는 상태, 적당한 직장이 없거나 불안하거나 소외되어 있거나 행복하게 살 기회가 없는 상태 등 여러 가지를 뜻해요.

길거리에서 살면 어떤 일을 겪게 되나요?

길거리에서 사는 건 힘든 일이에요. 온갖 날씨를 고스란히 겪어야 하고, 몸이 젖거나 따뜻하게 지낼 수 없어 병에 걸리기 쉬워요. 노숙인들은 굶주리기도 해요. 음식 재료를 살 돈이 있다 해도 요리할 수 있는 곳이 없어요. 외로움을 느끼기도 하고 다른 사람들의 비난을 받을 때도 있어요. 폭력을 당할지도 몰라요.

왜 길거리에서 사는 사람이 생기나요?

사람들이 노숙하는 이유는 여러 가지예요. 집을 갖거나 빌리는 게 너무 비싸 감당하지 못하는 경우도 있고, 병에 걸리거나 장애 때문에 일자리를 구하기 어려워 스스로를 돌보기 힘들어져 노숙하게 되기도 해요. 폭력이나 학대를 피해 집을 나오는 사람도 있어요. 화재나 홍수 같은 자연재해로 집을 잃거나, 낯선 지역에 처음 와서 집을 구하기 힘들어 노숙인이 되기도 해요.

노숙하는 아이들도 있나요?

> "성별, 인종, 사는 곳에 관계없이 모든 아이들은 밝은 미래를 안고 자랄 권리가 있다. 아이들이 자라서 무엇이 될까가 아니라, 과연 자랄 수는 있을까 고민해야 하는 곳들이 많은 것은 큰 문제다."
>
> -유니세프 캐나다

네. 노숙인이 되는 건 나이와 상관없어요. 어린 노숙인들은 지역 쉼터에서 가족과 함께 지내기도 해요. 이런 쉼터들은 음식과 옷 등 살아가는 데 꼭 필요한 것들을 마련해 줘요. 어떤 가족들은 자기 차에서 살기도 해요.

아이들이 집을 나가는 이유는 무엇인가요?

가족과 함께 사는 것보다 길거리에서 사는 것이 낫다고 생각하는 아이들도 있어요. 부모에게 학대를 당하거나 사랑받지 못하고 방치되다 결국 집을 나오게 되는 거예요.

부모가 자녀를 기를 수 없어 포기하는 경우도 있어요. 그런 경우 그 아이들은 고아원이나 위탁 가정에 맡겨져요.

고아란 어떤 사람인가요?
부모가 없는 아이를 말해요. 부모가 세상을 떠났거나 그 아이를 포기한 경우지요.

전 세계에는 고아가 일억 삼천이백만 명 넘게 있다.

- 유니세프

노숙하거나 부모로부터 방치된 아이들을 어떻게 도와야 할까요?

어려운 아이들을 도울 수 있는 방법은 아주 많아요.
아동 쉼터나 청소년 쉼터 같이 아이들을 돕는 보호 시설에 물품을 기부할 수 있어요. 학교나 종교 시설에서 모금 행사를 마련해 어려운 아이들의 상황을 사람들에게 널리 알려 줄 수도 있어요. 도움이 필요한 아이가 있다면 부모님이나 선생님에게 알려 주세요.

나는 무엇을 할 수 있을까요?
방치되거나 학대받는 아이를 알고 있다면 112에 신고하거나 지역 아동보호전문기관에 알려 주세요. 또는 인터넷 사이트에서 어려운 상황에 놓인 아이들을 도울 수 있는 여러 가지 방법을 찾아보세요.

중앙아동보호전문기관
http://www.korea1391.go.kr

도움이 필요한 아이들을 가족과 함께 달마다 후원할 수도 있어요.

유니세프 한국위원회
www.unicef.or.kr
세이브더칠드런
www.sc.or.kr
굿네이버스
www.goodneighbors.kr

길거리에서 자고 있는
사람을 보았어요.
그 사람은 어릴 때부터
노숙을 했을까요?

그럴지도 모르지만 아닐 수도 있어요. 사랑과 지원이 풍부한 가정에서 자라다가 어른이 되어 어려운 일이 생겼는지도 몰라요. 예를 들어 신체 질환이나 정신 질환이 심해지면 일상생활을 하기가 매우 힘들어요. 너무 아프면 일하기 힘들고, 일을 하지 못하면 돈이 부족해지고, 그러다 더 아파지면 빈곤해지고, 결국에는 노숙 생활로 내몰리게 되는 거예요.

정신 질환이란 무엇인가요?
비정상적인 생각, 감정, 행동을 하게 하는 장애예요. 정신 질환은 다른 사람과의 관계에 영향을 미쳐요. 태어날 때부터 정신 질환을 앓는 경우도 있고, 나이가 들면서 진행되는 경우도 있어요. 약물 남용으로 생기기도 하고, 뇌를 다쳐서 생기기도 해요.

노숙인들만 빈곤하게 사나요?

"빈곤은 단지 수입이 부족한 경우만이 아니라, 건강하게 살 수 있고 필요한 교육을 받을 수 있는 기본적인 생활을 보장받기 어려운 것을 말하기도 한다. 기본권이 자주 억압되거나 잘못 쓰이는 것 또한 빈곤이다."

—반기문, 전 유엔 사무총장

아니요. 노숙 생활은 빈곤의 한 종류일 뿐이에요. 학교에 못 다니거나 병원에 못 가는 것처럼, 자세히 살피지 않으면 알아차리기 힘든 다른 여러 가지의 빈곤들이 있어요.

모든 아이들이 학교에 다니지 않나요?

아니요. 모든 아이들이 학교에 다닐 수 있는 건 아니에요. 학교가 없는 곳도 있고 컴퓨터나 인터넷을 이용하지 못하는 아이들도 있어요. 대학에 갈 수 없거나 꼭 필요한 직업 교육을 받지 못하는 아이들도 많아요. 충분한 교육을 받지 못하면 어른이 되어 일자리를 얻기가 매우 힘들어요. 제대로 교육 받지 못하는 것도 빈곤의 한 종류예요.

"오늘날 우리는 인터넷 기술의 발달로 많은 정보를 쉽고 빠르게 얻을 수 있게 되었다. 아이들이 인터넷을 이용할 수 있는 환경을 만들어 주고 적극적으로 정보를 찾아 자신의 삶을 발전시키는 데 쓸 수 있도록 가르쳐 주어야 한다. 이러한 교육으로 많은 것을 극복할 수 있다."

— 제이미 캐샙, 구글의 교육 전도사

"교육을 받지 못하는 것이 빈곤이 생겨나는 가장 큰 원인이다. 전문가들은 교육 받을 수 있는 기회가 공평하면 모든 사람이 뛰어난 노동 인구로 성장할 수 있고, 이것이 빈곤과 싸우는 가장 중요한 방법 중 하나라고 이야기한다."

— 유네스코 (국제연합교육과학문화기구)

아플 때 병원에
갈 수 없는
사람도 있나요?

누구나 아플 때 병원에 가거나 약을 구할 수 있는 건 아니에요. 아프면 약이 있어야 하는데 약을 사려면 돈이 들지요. 전문의를 보러 멀리까지 가야 하거나, 병원에 가려고 학교나 직장을 잠시 빠져야 할 수도 있어요. 어떤 사람에게는 이러한 것이 무척 어려운 일일 수 있어요.

만약 어린이들이 의료 지원을 받지 못하면 육체적, 정신적 질병을 안고 자라게 될 거예요. 어른들이 적절한 의료 지원을 못 받는 것 또한 빈곤해지는 이유가 되지요. 그래서 누구나 병원에 갈 수 있도록 도와주는 '기초생활보장제도'가 마련되어 있어요.

다른 나라나 다른 지역에서 온 사람들은 필요한 것을 제대로 구하지 못하기도 해요. 현지인들의 지원이 없으면 아플 때 어느 병원으로 가야 하는지 모를 수도 있어요. 난민들은 특히 이런 일을 자주 겪어요.

기초생활보장제도란 무엇인가요?
가족에게 도움을 받거나 스스로의 힘으로 살아가기 어려운 사람들을 국가가 도와주는 제도를 말해요. 교육·의료·주거 등의 기본적인 요소들을 지원해 주고 일자리도 제공해 주지요.

난민이란 어떤 사람들인가요?

난민은 살던 곳에서 강제로 떠나 언어나 문화, 관습이 다른 나라에서 살아야만 하는 사람들을 말해요. 자연재해나 전쟁 등으로 안전하게 살 수 없어져서 살던 곳을 떠나는 거예요. 누구나 안전하게 살 자격이 있어요. 안전하다고 느끼는 것은 인간의 기본권이에요.

2004년 12월 26일에 인도양에서 지진이 일어났어요. 그것은 인류 역사상 세 번째로 큰 지진으로 기록되었어요. 뒤이어서 엄청난 쓰나미가 몰려와 인도양 바닷가의 여러 마을들을 파괴했어요. 이 끔찍한 자연재해로 많은 사람들이 죽었고, 노숙인들이 수천 명이나 생겼어요.

2011년, 시리아에 내전이 벌어졌어요. 그러자 정부 관계 기관들의 도움이 필요한 사람들이 천삼백오십만 명에 이르렀고, 육백만 명이 넘는 시리아 사람들이 살던 곳에서 도망쳤어요. 수백만 명의 시리아 사람들이 세계 각지에서 난민이 되었어요.

전 세계에 난민 프로그램들이 많이 있어요. 이 중 많은 프로그램이 유엔난민기구의 지원을 받아요.

인간의 기본권이란 무엇인가요?

인간의 기본권이란 모든 인간이 누릴 가치가 있는 것들을 말해요. 누구나 안전한 곳에서 살 수 있어야 해요. 그 누구도 굶주려서는 안 돼요. 누구나 학교와 병원에 갈 수 있어야 해요.

유엔은 세계 모든 나라의 평화를 지키기 위해 만들어진 단체예요. 유엔은 전 세계 모든 사람들이 어떤 권리를 가져야 하는지 밝히는 특별 성명서를 썼어요. 그것을 '세계인권선언'이라고 해요. 어린이의 권리를 밝히는 선언은 '유엔아동권리협약'이라고 해요.

"누구나 법 앞에, 그리고 법 아래 평등하다. 특히 인종, 국적, 민족, 피부색, 종교, 성별, 나이, 또는 정신적 장애나 신체적 장애에 따라 차별받지 않고 법의 똑같은 보호와 똑같은 혜택을 받을 권리를 가진다."

—**캐나다 정부** 캐나다 권리 및 자유 헌장

유엔아동권리협약을 보려면 아래 웹사이트를 따라가 보세요.
http://www.korea1391.go.kr/new/page/agreement.php#

빈곤한 사람들을 돕고 싶어요.
무엇을 하면 될까요?

배려하고 보살피는 게 중요해요. 빈곤하다고 해서 무시하면 안 돼요. 어렵게 사는 사람들도 다른 이들과 마찬가지로 가슴 깊이 간직한 자부심과 무언가를 해낼 수 있는 나름의 능력이 있어요. 사람은 누구나 중요한 존재라는 것을 잊어서는 안 돼요.

빈곤한 사람들에게 도움을 주고 싶다면 가족과 함께 지역 사회 단체에 찾아가 힘을 보태 보세요.

- 음식과 생필품 기부하기.
- 입지 않는 옷이나 쓰지 않는 물건을 깨끗하게 손질하여 기부하기.
- 쉼터에서 지내는 아이들과 함께 공부하기.
- 다문화 행사에 참여하여 다른 문화에 대해 이해하기.

"빈곤에 대한 해결책은 '가난한 사람들에게 돈을 주는 것' 그 이상이 되어야 한다. 빈곤하게 사는 아이와 빈곤하게 살지 않는 아이의 차이는 기회일 때가 많다. 교육 받을 기회, 일할 기회 등 기회를 공평하게 제공해야 빈곤을 해결할 수 있다."

-제이미 캐샙, 구글의 교육 전도사

어린 시절 빈곤하게 자란 이야기를 많은 사람들 앞에서 하는 것은 어려운 일이에요. 하지만 나는 내 이야기를 통해 자라나는 아이들에게 알려 주고 싶은 것이 있었어요. 빈곤한 사람도 누군가의 도움을 받으면 얼마든지 무엇이든 해낼 수 있다는 사실을 말이에요. 어린 시절 내가 그렇게 믿었던 것처럼요. 많은 사람들이 빈곤한 사람은 능력이 모자라거나 지적으로 부족하다고 생각해요. 빈곤에 대한 이와 같은 근거 없는 가정들을 끊어 내고 어려운 사람들을 돕는 일은 내게 아주 중요한 일이에요.

질리안 로버츠 박사가 아이들이 빈곤이란 무엇인지 이해하고 빈곤한 사람들을 도와줄 수 있는 방법을 스스로 찾을 수 있도록 가르쳐 보지 않겠느냐고 내게 물어보았을 때 나는 이루 말할 수 없이 기뻤어요. 지원을 아끼지 않고 많은 기회를 준다면 모든 어린이들은 엄청난 재능과 능력을 키울 수 있어요.

아동심리학 전문가인 질리안 로버츠 박사는 배울 점이 많고, 협력할 점도 많은 대단한 사람이에요. 나는 이 프로젝트와 앞으로 생길 많은 문제들을 질리안 로버츠 박사와 함께 생각해 볼 수 있게 되어 정말 기뻐요. 나는 어린이들이 이 책을 읽으면서 빈곤 문제를 어떻게 해결할 수 있을까, 깊이 고민해 주었으면 해요.

— 제이미 캐셉, 구글의 교육 전도사

어느 비 오는 날 오후에, 엄청난 영감을 주는 글을 읽었어요.

"아이들에게 크면 무엇이 되고 싶은지 묻지 말고, 어떤 문제를 해결하고 싶은지 물어보세요."
나는 내 정신을 깨운 글을 쓴 뛰어난 이에게 연락했어요. 그 글을 쓴 사람은 구글의 교육 전도사인 제이미 캐셉이었지요.

나는 일생을 아이들과 더불어 일하면서 지냈고, 빠르게 바뀌는 세상에서 어린이들이 겪게 될 어려움들에 대해 걱정하고 있어요. 우리 아이들은 어려움에 맞설 준비를 해야 하고, 살면서 많은 문제를 해결해야 해요. 아이들은 문제들을 유능하게 해결하기 위해 교육을 받아야 해요. 제이미와 나는 어린이들이 우리가 사는 세상의 매우 어려운 문제인 빈곤에 대한 해결책을 찾을 수 있도록 도와주고자 이 책을 출간했어요. 여러분이 빈곤 문제에 대해 고민하고 해결책을 찾는 데 이 책이 도움이 되기를 바라요!

— 질리안 로버츠 박사, 아동심리학자

참고 사이트

어린이 돕기 전국 어린이 학대 핫라인(미국) https://www.childhelp.org/hotline

어린이 돕기 전화 (캐나다) https://kidshelpphone.ca

유네스코 https://en.unesco.org

유니세프 캐나다 www.unicef.ca

유니세프 미국 www.unicefusa.org

유니세프 한국 www.unicef.or.kr

세계인권선언 http://www.un.org/en/universal-declaration-human-rights

유엔아동권리협약 https://www.unicef.org/rightsite/files/uncrcchilldfriendlylanguage.pdf
http://www.korea1391.go.kr/new/page/agreement.php#

세계보건기구 www.who.int

세이브더칠드런 www.sc.or.kr

굿네이버스 www.goodneighbors.kr

중앙아동보호전문기관 http://www.korea1391.go.kr